E. CHALON

LE
CENTENAIRE DU CODE CIVIL
ET PERRECIOT

BESANÇON
IMPRIMERIE J. MILLOT ET Cie
20, RUE GAMBETTA, 20

1904

E. CHALON

LE
CENTENAIRE DU CODE CIVIL
ET PERRECIOT

BESANÇON
IMPRIMERIE J. MILLOT ET Cⁱᴱ
20, RUE GAMBETTA, 20

1904

LE CENTENAIRE DU CODE CIVIL

ET PERRECIOT

On vient de célébrer à Paris le centenaire du Code civil. On a donné des fêtes ; des savants du monde entier ont assisté à cette solennité ; des discours ont été prononcés par des hommes éminents appartenant au barreau et à la magistrature ; on a parlé des grands orateurs du Tribunat et du Corps législatif, de Tronchet, de Bigot de Préameneu, de Portalis, etc., et le nom d'un homme, notre compatriote, Claude-Joseph Perreciot, qui pourtant lui aussi a contribué pour une assez large part à la préparation et à la confection de notre Code, n'a pas été, je ne veux pas dire oublié, mais n'a point été rappelé [1].

Je ne prétends pas donner à Perreciot une grandeur étrangère au rôle qui lui fut départi

---

[1] Claude-Joseph Perreciot, né à Roulans (Doubs), le 11 août 1728.

dans la création de cette œuvre immortelle : il n'est pas un de ceux qui laissent dans une époque une empreinte marquée. Ainsi que je l'écrivais récemment, il est assurément facile de trouver une existence plus extraordinaire et plus remplie d'événements, mais peut-être aurait-on de la peine à rencontrer, à la hauteur où il se tint et dans le cercle restreint où sa vie dut se confiner, un plus heureux assemblage de qualités et de vertus, une carrière plus utilement et mieux remplie.

La mémoire de certains hommes mérite d'autant plus d'être honorée que, pendant leur existence, ils ont moins recherché la louange ; à ce titre, on comprendra que Perreciot reçoive en ce jour les hommages dus à ses remarquables travaux et à sa participation dans la rédaction non seulement du Code civil, mais, chose à noter, dans celle de notre Code de procédure civile. Peu de personnes assurément connaissent aujourd'hui cette étrange particularité.

Pendant ma carrière de magistrat, il m'a été donné d'habiter l'arrondissement où il est né ; et c'est ainsi que j'ai pu étudier la vie et les œuvres de « cet avocat distingué, ce magistrat intègre, cet homme de bien par excellence, » ainsi que le qualifiait éloquemment naguère l'ancien procureur général M. Loiseau.

A l'époque où il vivait, la France avait vu naître et se développer dans son sein deux passions principales : l'une, plus profonde et venant de plus loin, était la haine violente et inextinguible de l'inégalité; l'autre, plus récente et moins enracinée, portait les Français à vouloir vivre non seulement égaux, mais libres. Au milieu de ces luttes ardentes où s'épuisaient en efforts désespérés les puissances des anciens temps, on avait vu se former, à une certaine hauteur de l'échelle sociale, une classe d'hommes qui assistait, dans une contenance pleine de mesure et de dignité, à cette dissolution générale. C'était une bourgeoisie assez intelligente pour tout comprendre, assez riche pour attendre. C'est à cette classe qu'appartenait Perreciot. Indépendant par caractère autant que par ses études, élevé dans l'exercice d'une profession qui réveille puissamment le sentiment du droit, il accueillit avec joie la Révolution française.

Comme tout ce que la France comptait de citoyens sages et éclairés, il embrassa sans hésiter la cause de ceux qui voulaient rappeler en une sage mesure les hommes au sentiment de leur force et de leur liberté. Pour lui, le progrès c'était *l'unité dans la loi, c'était l'égalité civile.* On le voit partager les sentiments populaires de son temps ; ce monde qui se transforme vit en lui, il est heureux de toutes les institutions libérales, mais justes, et il les réclame ardemment.

« Il n'y a plus, dit-il, de liberté civile dans la
» nation partout où une classe de citoyens dépend
» absolument de l'autre ; elle ne peut exister que
» lorsque les citoyens sont jugés par des lois cer-
» taines, qu'ils peuvent disposer de leur personne
» et de leurs biens comme il leur plaît, embrasser
» le genre de vie qui leur convient, faire, en un
» mot, tout ce qui n'est pas contraire à la raison
» et à la justice. » Superbe langage, applaudi et admiré de tous, mais qui, à cette époque, devait déjà, on le comprend, susciter contre l'écrivain de grandes et nombreuses inimitiés.

Ces paroles, ces expressions, ce langage même, nous allons les retrouver, plusieurs années après, rajeunis peut-être et plus vibrants encore dans la bouche de Portalis, alors que nos célèbres devanciers discutaient au Corps législatif les termes et la rédaction des articles du Code civil. « La vraie liberté, disait Portalis, consiste dans une sage composition des droits et des pouvoirs individuels avec le bien commun. Quand chacun peut faire ce qui lui plaît, il peut faire ce qui nuit à autrui, c'est-à-dire au plus grand nombre. La licence de chaque particulier opérerait infailliblement le malheur de tous. *Il faut donc des lois pour diriger les actions relatives à l'usage des biens, comme il en faut pour diriger celles concernant l'usage des facultés personnelles; on doit être libre avec les lois, jamais contre elles* [1]. »

Et chez l'orateur du Tribunat, Savoye-Rollin : « La réunion des droits privés qui appartiennent aux hommes pris dans l'état de société a pour but de leur conserver la liberté civile. L'homme entrant dans la société apporte deux propriétés naturelles : la vie et la liberté; à ces deux propriétés sont attachés tous ses besoins comme être physique et tous ses besoins comme être intelligent; ils sont les fondements de ses droits et de ses devoirs : jouir de ses facultés, voilà ses droits; ne pas nuire à l'exercice des facultés de son semblable, voilà ses devoirs. D'où il résulte que le libre usage de ses droits ne lui est garanti que sous la condition qu'il respectera ceux des autres.

» Les hommes réunis en société ont des rapports mutuels par les services qu'ils se rendent ou par ceux qu'ils se doivent, et ils n'en ont pas seulement entre eux, mais encore avec les choses ou les biens composant les diverses espèces de pro-

---

(1) Portalis, séance du 26 nivôse, an XII.

priétés, rapports d'où dérivent toutes les actions humaines [1]. »

Dans ces pages, je le répète, on retrouve Perreciot tout entier.

C'était déjà un remueur de belles et nobles idées, comme devait l'être plus tard Edgar Quinet.

Il savait que ce sont elles qui aident à diriger l'évolution sociale et à compléter l'éducation politique et morale d'une nation.

D'un autre côté, jurisconsulte très instruit, il était de plus un savant. Il sentait que le champ immense de l'étude du droit pouvait et devait être agrandi.

Chez tous les peuples, les hommes voués à la connaissance des lois ont cherché à augmenter leurs moyens d'action par le triple éclat de l'éloquence, de la philosophie, des arts et des sciences.

Indépendamment de ses travaux et de ses recherches historiques, il s'était adonné avec passion à l'étude du droit, et cette étude avait fortement développé en lui des sentiments profonds de droiture et de justice. Aussi, il ne pouvait qu'être douloureusement frappé de ce qu'il voyait, de ce qui se passait autour de lui.

En effet, 1789 approchait : on était vers la fin

---

[1] Séance du 4 pluviôse an XII. — Exposé des motifs.

de ce xviii⁰ siècle qui a produit tant d'hommes et tant de choses extraordinaires, et qui, dans son œuvre de civilisation, semble avoir reçu la mission de détruire et de préparer plus encore que celle de fonder. Le pouvoir, privé de ses anciennes bases qui s'en allaient en ruines, ne savait pas s'en créer de nouvelles et aidait, par son aveugle insistance, à creuser l'abîme dans lequel il devait s'engloutir : le privilège, attachant obstinément ses yeux sur le passé, ne trouvait rien de mieux pour se défendre que la censure et les lettres de cachet. « Le présent, pour employer l'expression de Leibnitz, était gros de l'avenir. » La pénurie des ressources était extrême, l'embarras dans les finances ne pouvait plus être dissimulé.

La dépravation des mœurs avait envahi les premiers ordres de l'Etat : la nation entière était inquiète et mécontente. Un auteur célèbre a pu dire de cette époque : « Tout était privilège, les individus, les villes, les provinces et les métiers eux-mêmes ; tout était entrave pour l'industrie et le génie de l'homme. Les dignités civiles, ecclésiastiques et militaires étaient exclusivement réservées à quelques classes et, dans ces classes, à quelques individus. On ne pouvait embrasser une profession qu'à certains titres et certaines conditions pécuniaires. Les charges pesaient sur une seule classe. La noblesse et le clergé possédaient presque les deux tiers des terres ; l'autre tiers, possédé par le peuple, payait des impôts au roi, une foule de droits féodaux à la noblesse, la dîme au clergé [1] ».

Sa raison et ses sentiments d'équité se révoltaient quand il pouvait lire, dans les chartes, des maximes vulgaires comme celles-ci : *Nulle terre sans seigneur;* ou bien : *Entre ton seigneur et toi, villain, il n'y a de juge fors Dieu;* ou bien encore : *Toutes choses que villain a sont à son seigneur.* Et ces droits d'asile et de protection payés si chèrement, ces commandises, cet odieux de poursuite, les règlements, les corvées !

Que de pages indignées quand il voyait l'ambition, l'orgueil, l'esprit de domination et d'intrigue des évêques qui, au lieu de diriger les diocèses, étaient arrivés à gouverner l'Etat. « Combien est dangereux, écrit Perreciot, cet excès de pouvoir temporel donné à des hommes qui ne devraient s'occuper que du royaume des cieux ! Le mal est que l'on confond trop souvent la religion avec ses ministres et ses interprètes. Elle est divine, ils sont hommes... » Il paraît que, de son temps, c'était déjà comme aujourd'hui.

---

[1] THIERS, *Histoire de la Révolution française.*

Les lois pour eux étaient lettre morte, leurs prérogatives étaient exorbitantes. Ainsi, le jugement d'un évêque avait l'effet d'un arrêt et il était défendu d'en appeler.

Les ecclésiastiques ne pouvaient être contraints de déposer comme témoins. Aux fêtes de Noël, de Pâques et de la Pentecôte, les évêques avaient le droit de faire évacuer les prisons.

Les églises et leurs dépendances étaient des lieux d'asile : on comprend les abus que devaient entraîner de tels avantages.

La peine de mort et la confiscation des biens étaient prononcées contre celui qui injuriait les évêques.

Le souverain même ne pouvait instruire leurs procès. Un magistrat qui eût entrepris de connaître de leurs différends était excommunié. Ils n'étaient justiciables des laïques ni au civil, ni au criminel. De cette manière, devenus seuls juges les uns des autres, il étaient toujours assurés de l'impunité.

On devait se soumettre aux excommunications.

La fortune des citoyens se trouvait ainsi entre leurs mains, puisque chaque évêque pouvait juger seul et sans appel de tous les procès civils de son diocèse. Cette juridiction des évêques concourait encore à augmenter leurs richesses, déjà trop considérables.

Quand des membres d'un chapitre mouraient *ab intestat*, leurs biens n'étaient point transmis à leurs héritiers naturels, mais ils appartenaient à l'évêque.

Si un individu mourait sans confession, ils le traitaient comme un criminel, affirmant qu'il était destiné aux supplices éternels, et s'emparaient de son patrimoine [1].

Un évêque n'était condamnable que sur les dépositions de soixante-douze témoins, etc.

Ces quelques exemples suffisent.

Perreciot, avec l'esprit d'égalité et de justice qui le distingue, fut un des premiers à lutter contre un pareil état de choses et, comme jurisconsulte, *à réclamer une refonte générale et uniforme de nos lois, dont il trace et indique les grandes lignes.*

Dans son projet de réforme, aucune classe ne possédera de droits ou de privilèges particuliers. L'égalité civile et l'égalité politique formeront la base et la nature propres de notre législation.

La liberté, « qui était d'abord l'apanage de la force, » appartiendra à tous, et il explique com-

---

[1] DUCANGE. — Voir aussi un arrêt du Parlement de Besançon, qui donne raison à l'héritier naturel.

ment il faut placer, dans la force publique, la garantie des libertés individuelles.

La législation qu'il demande devra donc avoir le double but de pourvoir au maintien de la société et aux besoins de ceux qui la composent. Le respect pour la morale, l'honneur national, la passion pour la liberté publique, le besoin de ne reconnaître d'autre distinction que celle des vertus et des talents, voilà lés bases sur lesquelles, d'après lui, elle devra s'appuyer.

Mais ce qui attirait surtout ses préoccupations, c'était l'état dans lequel se trouvait alors l'ensemble de nos lois.

En effet, la France était alors divisée en pays de droit écrit et en pays de coutumes. Les pays de droit écrit avaient pour base de leurs lois les décisions de Justinien ; les pays de coutumes étaient soumis à des usages qui, dans la même province, variaient souvent d'une ville et quelquefois d'une seigneurie à l'autre, suivant les caprices du maître. Un écrivain a pu dire avec esprit qu'à chaque relais de poste les voyageurs changeaient de lois en même temps que de chevaux [1].

Qu'on ajoute les arrêts de règlements rendus par les différentes Cours souveraines, les ordon-

---

[1] Louis MARTIN.

nances particulières des diverses provinces, les lois catholiques, les ordonnances des rois, et l'on aura une idée de ce qu'était la législation à cette époque.

« Quelles sont nos lois, se demande Perreciot; où est notre Code? Le jurisconsulte a beau marcher de bonne foi vers la vérité et mettre de l'ordre dans ses recherches, il lui est difficile de ne pas se perdre dans ce dédale de lois ou de ne pas s'égarer à la suite de cette multitude de compilateurs et de commentateurs qui, voulant tous avoir un sentiment à eux, ont ouvert des routes innombrables à l'erreur.

Comment se retrouver dans ce labyrinthe? Comment le magistrat jugeant en Lorraine pourrait-il juger sur la coutume de Bretagne? En effet, là on pouvait disposer de ses biens à seize ans accomplis; à côté on ne pouvait le faire avant vingt. Plus loin on pouvait donner par testament l'universalité de sa fortune, ailleurs c'était le contraire; on ne pouvait disposer que d'une certaine partie de ses biens et il n'était pas permis d'instituer un héritier, on n'avait que le choix d'un légataire. Dans telle province, les notaires seuls avaient caractère pour recevoir les testaments; en d'autres, les curés, les officiers de police en partageaient le droit avec les notaires. Ici la femme

— 15 —

du mourant était habile à recevoir, là elle était incapable; ou bien il fallait sept témoins et ailleurs deux suffisaient, etc. .

Et il en était de même pour les successions, les extraits lignagers, etc. »

Il réclame également la suppression des mainmortes, de cette déplorable diversité de poids et mesures, de cette multiplicité si funeste de formules et de coutumes.

Rien ne lui échappe. Esprit libéral dans une sage mesure, il fait aussi valoir de hautes considérations sur l'augmentation successive de la gravité des peines en rapport avec la gravité des fautes, etc.

En un mot, la refonte des lois françaises lui paraît utile et plus nécessaire que ne le fut celle des lois romaines du temps de Justinien. « *Quelle* » *gloire, dit-il, ne se ménagerait pas le mo-* » *narque qui entreprendrait de porter la lumière* » *au milieu de ces ténèbres? Nul jamais n'eût* » *mieux mérité des hommes ni paru plus digne* » *de les conduire.* »

La réforme des règles de la procédure est aussi l'objet de son attention et de ses recherches.

Il demande que les formes de la procédure soient simplifiées et « qu'on la ramène à un petit nombre d'éléments aussi faciles à connaître que difficiles à éluder. » Je propose « de renfermer toutes les règles dans des limites étroites, de les tracer avec des couleurs distinctes et de les ranger dans un ordre facile.

» Les lois sont la règle des actions humaines et la plupart sont rédigées dans une langue étrangère ou écrites d'un style barbare dont il est difficile, souvent même impossible de saisir le sens. Il est nécessaire qu'elles soient transcrites dans la langue nationale et qu'on n'y emploie que des expressions à la portée de tous. »

Perreciot prévoit tout dans son projet de Code. Et les coutumes, les usages, qu'en fera-t-on ?

« Je conçois, dit-il, que des provinces peuvent avoir des usages qui tiennent à leur localité, à leurs capitulations, à leurs privilèges, et je sais qu'il serait aussi difficile que dangereux ou d'étendre ces usages à tout le royaume ou d'en dépouiller une province. Mais on peut tout concilier. Ils continueraient à subsister comme auparavant, ils formeraient exception à la règle générale : Le Code même de l'Etat en ferait une mention spéciale.

» La génération actuelle pourra peut-être en être mécontente, mais celle qui viendra après nous se félicitera qu'ayant corrigé nos coutumes les unes par les autres et leur ayant enlevé ce qu'elles avaient de trop dur, d'absurde même, on ait enfin effacé les ridicules différences qui rendent les sujets d'un même gouvernement étrangers les uns aux autres pour mettre à leur place des lois claires et équitables. D'ailleurs cette bizarrerie, déshonorante pour la législation, est une source toujours ouverte de procès. »

« *Cet ouvrage que je demande, s'écrie Perreciot*
» *d'une voix prophétique, serait le plus beau, le*
» *plus utile de tous ceux qui sont sortis de la*
» *main des hommes; il pourrait un jour devenir*
» *le code de toutes les nations, comme il en ferait*
» *dès ce moment l'admiration.* »

Et quarante ans plus tard, les idées de Perreciot, ses projets, étaient réalisés et ses vœux accomplis.

Il est bon d'insister sur ce point, car c'est là certainement un des traits les plus caractéristiques de l'homme dont nous parlons aujourd'hui.

Est-il donc téméraire de dire que les législateurs de 1804 se sont inspirés de ses travaux et par conséquent qu'il a droit, autant qu'eux, « à cette admiration » et à « cette part de gloire » qu'il réclame pour les autres et qui lui est due?

Sans avoir servi positivement et en tous points de modèle à celui des autres peuples, on ne peut nier cependant l'influence considérable exercée dans le monde entier par notre Code civil, « œuvre

» de justice féconde, disait dernièrement un ora-
» teur, ministre d'Etat d'un pays voisin, qui n'a
» pas peu contribué à maintenir parmi les nations
» le respect et l'estime du génie français [1]. »

Assurément, comme toutes les œuvres humaines, le Code civil pourrait être modifié sur plusieurs points, afin de le mettre en harmonie avec le développement de notre civilisation : par exemple sur le règlement du travail, la capacité légale de la femme, la famille, la propriété, il n'a pas tout prévu et ne pouvait pas tout prévoir. Au surplus, et à vrai dire, ne l'est-il pas chaque jour. Dans tous les cas, ce perfectionnement devra se faire avec prudence et esprit de suite.

C'est donc avec raison qu'une voix autorisée a pu dire récemment : « Les conditions économiques des sociétés modernes et les besoins qu'elles ont créés appellent forcément une nouvelle et indispensable évolution vers le progrès. Mais les bases du *monument* restent indestructibles parce qu'elles reposent sur la justice et sur l'équité. »

Oui, notre Code est un chef-d'œuvre impérissable de sagesse et de raison, dont l'éclat a rayonné dans le monde entier, et c'est avec une légitime fierté qu'au nom de notre province nous

---

[1] M. LEJEUNE, ministre d'Etat belge.

revendiquons, en ce jour de fête, pour Claude-Joseph Perreciot, notre compatriote, l'honneur d'y avoir posé la première pierre.

E. CHALON,

Ancien Magistrat,
Ancien Membre du Conseil général du Jura.

Dole (Jura), 4 novembre 1904.

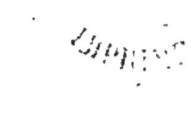

BESANÇON, IMP. J. MILLOT ET Cie

www.ingramcontent.com/pod-product-compliance
Lightning Source LLC
Chambersburg PA
CBHW050434210326
41520CB00019B/5917